はじめよう学校図書館8

気になる著作権Q&A
学校図書館の活性化を図る
増補改訂版

森田 盛行 著

全国学校図書館協議会

はじめよう学校図書館　刊行にあたって

　今、学校図書館は、本が置いてある部屋（図書室）から、さまざまなメディアを活用する学習活動・読書活動や教員の教材研究などを支援する機能（学校図書館）へと大きく変わろうとしています。そのためには、学校図書館メディアが整備され、必要なときに、いつでも利用できる体制が整っている学校図書館が求められています。

　さらに、新学習指導要領の実施にともない、各教科の学習活動に学校図書館は欠かせないものになっています。学校図書館は、課題の設定から成果の発表までの一連の学習活動を支援し、楽しく実り豊かなものにしています。

　学校図書館が、生き生きと機能するためには、豊かな資質を備えた担当者の存在がなにより大切です。

　本シリーズは、学校図書館の実務に関するもっとも基礎的・基本的な業務について、その意義、目的、業務内容、実践上の留意点が初任者の方にもよくわかる入門書として書かれています。もちろん学校図書館の担当者にとっては必須の内容ばかりですので、学校図書館の運営に関する体系的な知識・技能を習得することができます。本シリーズが学校図書館づくり、および学校図書館運営にお役に立てれば幸いです。

　　　　　　　　　　　　　　公益社団法人学校図書館協議会

もくじ

はじめに …………………………………………………………… 6

｜1｜ 著作権とは何か ……………………………………… 8

Q1　著作権とは何ですか。…………………………………… 8
Q2　著作権教育とは、どのようなものでしょうか。 ………… 9
Q3　幼稚園児や小学生が描いた絵にも著作権はあるのですか。 ………… 10
Q4　著作権には、どのようなものがありますか。 ……………12
Q5　手塚治虫の作品は、今も著作権はあるのですか。………16
Q6　どのようにすれば著作物を利用できるのですか。………17
Q7　著作物を利用するときには、どんな場合でも許諾を得なければならないのですか。 …………………………………………18
Q8　小説をコピー機で複写しないで、手で書き写せば「複製」にはならないのでしょうか。 ……………………………………21
Q9　肢体不自由のために本を手で持てずに読書が十分にできない児童がいます。学校図書館で本を音読したものを録音して、いつでも読めるようにすることは許諾がいるのでしょうか。 …………………21
Q10　著作権法を侵すと、罰則があるのですか。………………22

｜2｜ 学校図書館と著作権 …………………………………24

Q11　学校図書館にコピー機を置いて、コピーサービスをしてよいのですか。 …………………………………………………24
Q12　新聞・雑誌の記事をコピーして、学校図書館の情報ファイルとして保存・提供してよいのですか。 ………………………………24
Q13　本校では、図書館だよりは司書教諭が作成しています。この場合は、司書教諭に発令された教諭が学校の教育活動のために作成しているので法第35条の適用を受ける、と考えられますか。 ………………25
Q14　紙の図書館だよりに市販の本の表紙画像を載せてよいのですか。 ………26
Q15　図書館だよりに人気アニメやまんがのキャラクターを載せてよいのですか。 …………………………………………………26
Q16　図書館だよりに新聞社主催の「作文コンクール」の入賞作品を載せてよいのですか。 …………………………………………27
Q17　図書館だよりに図書の書名、著者名、出版社名と内容紹介を載せるときには、許諾が必要ですか。 ………………………………28
Q18　授業中に生徒の参考資料として配付した新聞の記事を全国の学校図書館でも自由に利用できるように学校のホームページに掲載するには、許諾が必要ですか。 ……………………………………28
Q19　「絵画コンクール」の入賞作品を掲載した雑誌の絵のページを学校図書館に掲示するには、許諾は必要ですか。 …………………………29
Q20　テレビで放映された番組を家庭で録画して、学校図書館メディアとして保存してよいのですか。 ………………………………29
Q21　学校図書館で所蔵する映画のDVD、雑誌の付録のCD-ROMは、貸出しはできないのですか。 ……………………………………30
Q22　昼休みに学校図書館でビデオの上映をしてよいのですか。 ………30
Q23　本の帯に書いてある文を図書館だよりに載せるときには、許諾を得る必要はあるのでしょうか。 …………………………………31
Q24　児童生徒が学習で作成したレポート等を来年度の学習の参考にするために学校図書館で保存・提供したいのですが、許諾を誰から得ればよいのでしょうか。 ………………………………………31

Q25 図書委員が校内放送で本の読み聞かせをしたいと思います。対面ではなく放送なので許諾を得なければならないのでしょうか。 ‥‥‥‥‥32

3 学習活動と著作権 ‥‥‥‥‥‥‥‥‥‥‥‥‥‥‥‥‥‥‥‥‥‥33

Q26 「学校では、教育に関係する著作物は自由に利用できる。」と言われましたが、校内研修のために資料のコピーを自由にできるのでしょうか。 ‥‥‥‥‥33

Q27 学校図書館の蔵書の小説を劇の脚本にして、その脚本で生徒が学校で上演をするには、許諾が必要ですか。 ‥‥‥‥‥34

Q28 社会科の学習用資料として、ある本に載っていた写真をコピーして利用しましたが、貴重な資料なので広く知ってもらうために学校図書館のホームページに掲載したいと思います。許諾は必要でしょうか。 ‥‥‥‥‥35

Q29 インターネットを利用して他の学校と協同して学習を行う場合、他の人の著作物を送信してもよいのですか。 ‥‥‥‥‥35

Q30 学校の運動会で、児童がドラえもんのキャラクターを大きく描いて運動場に掲示したり、ぬいぐるみを作ったりして仮装するのはよいでしょうか。 ‥‥‥‥‥36

Q31 著作物を教材として加工、配付等で使用する場合に著作権法上で注意する点は何ですか。 ‥‥‥‥‥37

Q32 修学旅行のしおり作りのときに、他の著作物をコピーして載せてもよいのでしょうか。 ‥‥‥‥‥37

Q33 児童生徒の作文の漢字の間違いや句読点を訂正して、文集に載せてよいのでしょうか。 ‥‥‥‥‥38

Q34 学習成果をレポートなどの形でまとめるときに、他の人が書いたことや新聞などの記事の一部を引用するときには、許諾は必要ですか。 ‥‥‥‥‥39

Q35 授業中、学校司書は学習に必要な資料のコピーをできるのでしょうか。 ‥‥‥‥‥40

Q36 調べ学習のまとめとして児童が作成した「環境新聞」が優秀でしたので、市内の展覧会に出品したいと思います。その「環境新聞」には他の著作物が多く載っていますが、許諾を得る必要はありますか。 ‥‥‥‥‥41

4 ボランティアと著作権 ‥‥‥‥‥‥‥‥‥‥‥‥‥‥‥‥‥‥‥42

Q37 ボランティアが市販の絵本を大型紙芝居にしたり、パネルシアターにしたりして上演することはよいのでしょうか。 ‥‥‥‥‥42

Q38 昔話の「桃太郎」を紙芝居にすることは、著作権法上の問題はありますか。 ‥‥‥‥‥43

Q39 人気絵本の登場人物を大きく描いて、学校図書館の壁に掲示するには、許諾は必要でしょうか。 ‥‥‥‥‥43

Q40 ボランティアが毎朝教室で市販の絵本を読み聞かせをしていますが、許諾は必要ですか。 ‥‥‥‥‥43

Q41 ボランティアがテレビ番組の著名な俳優の朗読を家庭で録画して、学校で児童に見せることはよいのでしょうか。 ‥‥‥‥‥44

著作物の利用に関する問い合わせ先 ‥‥‥‥‥‥‥‥‥‥‥‥45

著作権法(抄) ‥‥‥‥‥‥‥‥‥‥‥‥‥‥‥‥‥‥‥‥‥‥‥‥46

索　引 ‥‥‥‥‥‥‥‥‥‥‥‥‥‥‥‥‥‥‥‥‥‥‥‥‥‥‥55

はじめに

本書は、司書教諭・学校司書をはじめとする学校図書館担当者及び学校図書館の活動を支援してくださる学校図書館ボランティアを対象に著作権についてQ&A形式でやさしく解説したものです。Qは、実際によく起こる事例を取り上げ、それに対するAは、できるだけ簡潔にわかりやすく説明しています。

著作権や著作権法と聞くと、何か難しく、近寄りがたいものを感じる方が多いのではないでしょうか。また、著作権が重要なことは知ってはいるが、著作権の本を読んだり、講習に参加したりしても、今一つよくわからない、という方も多いようです。確かに、著作権は著作権法に基づいたものですので、法律の条文や専門的な用語があり、堅苦しく、条文を読んでもよくわからないこともあります。しかし、現在では著作権について避けて通ることはできなくなりました。著作権は、人々の日常生活にも深く関係し、学校教育においては、さらに関係が深くなっています。

学校図書館には、図書、新聞、雑誌などの印刷メディア、写真、ＣＤ、などの視聴覚メディア、ＤＶＤなどの電子メディアなど、多くの学校図書館メディアがあります。これらのほとんどすべては著作権に関係するものです。これらは、著作権を意識しないで利用することはできない時代となっています。例えば、これらをコピー（複製）するには、元のものと同じものがデジタル機器を利用することにより、費用や手間をほとんどか

けずに簡単にできます。遠く離れた人にも、簡単に瞬時のうちに送ることができます。しかし、これらは、すべて個人または会社などの組織が資金、時間をかけて作ったものです。これらを学校図書館は、無料で多くの児童生徒や教員が利用していますが、それは法的な根拠があってはじめてできることです。では、その根拠とはなんでしょうか。

　本書は、全体を四つの章に分け、事例をあげて説明しています。第1章「著作権とは何か」では、著作権・著作権法についての概要や基本的な用語について説明しています。第2章「学校図書館と著作権」では、主に学校図書館の運営の際に留意しなければならないことを説明しています。第3章「学習活動と著作権」では、近年盛んになりました学校図書館を活用する学習活動を行う際に先生や児童生徒が直面する問題を説明しています。第4章「ボランティアと著作権」では、学校図書館を支援されるボランティアが著作権に関して知っておきたいことを説明しています。

　本書によって、著作権の基本的なことは理解していただけるものと思います。しかし、これはあくまでも第1歩です。司書教諭・学校司書は、学校図書館の専門職として著作権に関する専門書によって学ぶことが必要かと思います。本書が学校図書館の運営の一助になり、さらに深く学ぶ契機となれば幸いです。

1 著作権とは何か

Q1 著作権とは何ですか。

A1 　著作権とは、著作権法によって守られている著作者がその著作物に対して持つ権利です。

　著作権法の第1条には、「著作者の権利及びこれに隣接する権利を定め、これらの文化的所産の公正な利用に留意しつつ、著作者等の権利の保護を図り、もつて文化の発展に寄与することを目的とする。」（著作権法第1条、以下は法と略す）と、目的を著作者の権利の保護と著作物を社会で公正に利用することで文化の発展を図るという二つを掲げています。

　著作者は、時間、手間、資金をかけ、これまでにないものを創作します。多くの場合は、その創作したものを売ったり貸したりして報酬を受け、その報酬を元にしてさらに新たなものを創作をします。例えば、小説家は一編の小説を執筆するために、参考文献を購入したり、取材に出かけたりして時間と経費をかけて完成させます。完成するまでには何度も推敲を重ね何度も書き直します。時間、手間、経費をかけて小説が発行され、印税として作家には報酬が入り、それを元に次の作品を書きます。しかし、作家以外の者がこの作品を勝手に出版することがあります。いわゆる海賊版です。この場合には、時間、手間、経費をほとんどかけずに出版するので販売価格は安くなり、オリジナルの作品は売れなくなってしまいます。そうすると作家は創作を続けられず、社会には新たな創作物が提供されなくなり、結局文化の停滞を招くことになります。そこで、著作権法により創作者に創作物に独占的な権利である著作権を与え、創作意欲の衰退を防ぐことにしたのです。

　しかし、創作者に権利を独占させることが強すぎると、かえって文化の発

展を阻害することになりかねません。創作は、必ず先人の創作物の上に自分の創作性を加えるものですから、一切利用できないとなると新たな創作ができなくなります。そこで、著作権法では、著作者の権利を一部制限し、その著作物を許諾を得ずに自由に利用できる範囲や利用法にたいして規定しています。

著作権は、次のＡ４のようにさまざまありますが、これを取得するために、役所の審査を受けたり、届け出たりする手続き等は一切必要ありません。著作物を創作したときから著作権法により権利は取得できます。特許権の場合は、国により、独創性や類似性について厳格な審査があり、それに合格することで取得することができますが、著作権はそのような審査等はありません。

Q2 著作権教育とは、どのようなものでしょうか。

A2 著作権教育とは、著作者の権利の尊重、著作権に関する基礎的な知識・態度を習得させ、社会の一員として生活する力を身に付けるための教育活動を言います。情報モラルの一つとして行われていますが、学校図書館を活用する学習が広く行われるようになってきた今日では、小学校低学年から高等学校まで系統的に指導する必要があります。指導は、学校の全教職員が各教科等の指導のときに行います。著作権だけを取り立てて行うことは、指導時間が不足になりがちな今日では、時間の確保が難しいでしょう。

著作権の指導というと、著作権法を児童生徒にわかりやすく説明し、著作権を守らせることだと思われがちですが、そうではありません。著作物を創造する著作者に敬意をはらい、著作物を尊重する態度を育成し、文化の継承・発展を目的としています。本格的なＡＩ時代を迎えた今日、人間の想像する力と創造する力が大事になります。そのためにも、学校図書館の機能を活用した著作権教育が重要になります。

指導内容と段階は、各学校が作成しますが、年間学校図書館活用計画や年

間情報活用指導計画に著作権教育の項目も盛り込むと、各教科における指導の漏れが少なくなります。

Q3 幼稚園児や小学生が描いた絵にも著作権はあるのですか。

A3 幼稚園児や小学生の絵や作文にも著作権があります。

著作権法では、「著作物」に対して著作権を認めています。ただし、人が創作したものはすべて著作権法でいう「著作物」ではありません。「著作物」は厳密に定義されています。著作権法では「著作物」に対して著作権を保護していますので、もし「著作物」でなければ著作権法による保護はありません。日常語の著作物とは意味が異なるので注意してください。

著作権法では「思想又は感情を創作的に表現したものであつて、文芸、学術、美術又は音楽の範囲に属するもの」（法第2条第1項）と規定し、この要件をすべて満たしたものを著作物としています。

この要件をわかりやすく分けて説明します。

「思想又は感情」とは、人が考えたり感じたりして表現したものです。深淵な思想や芸術的に昇華した感情だけではなく、幼稚園児が楽しかった遠足の想い出を画用紙に自由奔放に描いた絵も著作物となります。

「創作的に」とは、特許権で要求されるような高度な独創性まで求めてはいません。人のものまねではなく、自分のオリジナルなものであればよいのです。ただし、「昨日は雨が降った。」のように、誰が書いても同じような表現になるものは、創作性はないので「著作物」とはなりません。

「表現したもの」とは、ある表現法によって、他の人が感知できるように具体化したものです。アイディアとしてとどまっているだ

けのものは、表現していないので著作物ではありません。表現法は、紙や
CDやDVDのような記録媒体に固定されていない講演や演奏でも著作物とな
ります。

　「文芸、学術、美術又は音楽の範囲に属するもの」とは、まさに「文芸・
学術・美術・音楽」に関する著作物のことです。そこで、技術的、工業的な
ものは著作権法の範囲外ということになります。これらは、特許法、意匠法
等によって保護されます。

　著作権法では、さまざまな著作物を下の「著作物の種類」のように例示し
ています。

著作物の種類（法第10条１項，第11条，第12条，第12条の２）

言語の著作物	小説　脚本　論文　レポート　講演
	詩歌　俳句
音楽の著作物	楽曲　楽曲を伴う歌詞　即興演奏
舞踏，無言劇の著作物	舞踏　バレエ　ダンス等やパントマイムの
	振付
美術の著作物	絵画　版画　彫刻　まんが　書
	舞台装置　美術工芸品
建築の著作物	建造物自体　ただし設計図は図形の著作物
地図，図形の著作物	地図　学術的な図面　図表　模型
映画の著作物	劇場用映画　テレビ映画　ビデオソフト
写真の著作物	写真　グラビア　プロマイド　絵はがき
プログラムの著作物	コンピュータ・プログラム
二次的著作物	上記の著作物を翻訳，編曲，変形，翻案し
	たもの
編集著作物	百科事典　辞書　新聞　雑誌　詩集
データベースの著作物	データベース

$\mathbf{Q}_4$ 著作権には、どのようなものがありますか。

$\mathbf{A}_4$　著作権法で保護する権利には、大きく分けて著作権と著作隣接権がありますが、本書は、その中で学校図書館に関係する著作権について説明します。著作権の権利も13ページの〈図1〉のように大きく分けて著作者人格権と著作権の二つがあります。

（1）著作者人格権

　著作者人格権は、自分の著作物に対して持つ人格的、精神的利益を保護する権利です。これは、財産権ではありませんので、譲渡や相続もできません。著作者が死亡すれば消滅する権利です。

　著作者人格権には次の三つの権利があります。

①公表権（法第18条）

　　公表権とは、自分の著作物を公表するかしないか、公表する時期や方法を決定する権利です。この公表とは、発行、上演、演奏、公衆送信、口述、展示、上映の方法で公衆に提示することです。公衆とは、著作権法上は「不特定の人」または「特定多数の人」を意味します（法第2条第5項）。

②氏名表示権（法第19条）

　　氏名表示権とは、著作物を公表する際に、自分の実名や変名を表示するかしなかいを決定する権利です。変名には、筆名やペンネーム、雅号等も該当します。氏名には称号や肩書き等も含められます。

③同一性保持権（法第20条）

　　同一性保持権とは、著作物の内容や題名を無断で変更や削除をされない権利です。著作者の知らない間に著作物の内容を変えられたり、一部を付け加えられたり、削除されたりしない権利です。

（2）著作（財産）権

　著作権は財産権の一つですので、譲渡、売買、相続の対象となります。例えば、作曲した人Aが自分の曲の著作権を他の人Bに譲渡した場合には、作曲者Aは著作者ですが、その曲に対する著作権は譲渡していますのでその曲

に対する著作権は持っていません。著作権を譲渡されたBが著作権者になり、著作者と著作権者が異なることになります。ただし、著作者人格権は財産権ではありませんので、著作権は譲渡していても著作者人格権は著作者に残っています。そこで、曲の著作権を譲渡されたBでも曲を勝手に変えたり、短くしたりすることはできません。

①複製権（法第21条）

　　複製権とは、著作物を印刷、写真、視写、録音、録画等の方法で有形的に複製することができる権利です。小説を手で筆写する、口述を録音する、テレビ番組を録画する、雑誌のグラビアを携帯電話やスマートフォンで撮影することも複製となります。

②上演権及び演奏権（法第22条）

　　上演権及び演奏権とは、著作物を公に上演したり、演奏したりすることが

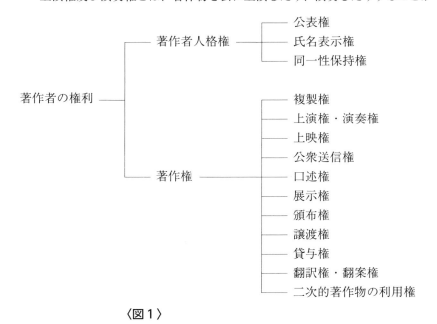

〈図1〉

できる権利です。この上演・演奏には、録音・録画の再生も含まれています。

③上映権（法22条の2）

　　上映権とは、映画の著作物を公に上映することができる権利です。上映とは、映画を映写幕に映すこと、ビデオをテレビ画面に再生すること、プロジェクターで映す、ディスプレーに映すなどもあてはまります。映画とは、いわゆる劇場用の映画だけではなく、ビデオ、アニメ、コンピュータゲームの動画も該当します。

④公衆送信権等（法第23条）

　　公衆送信権とは、著作物を放送したり、有線放送したり、自動公衆送信したり、それを受信装置を使って公に伝えることができる権利です。放送とは、テレビ、ラジオ等のように無線通信で送信することをいい、有線放送とは、ケーブルテレビや有線放送のように有線電気通信で送信することをいいます。自動公衆送信とは、著作物を自動送信装置（サーバー）にアップしておいて公衆からの求めに応じて自動的に公衆送信することをいいます。また、このように自動送信装置（サーバー）にアップしていつでも送信できる状態にする送信可能化権も含みます。

⑤口述権（法第24条）

　　口述権とは、著作物を朗読等の口頭で公に伝える権利です。自分で書いた小説や詩を朗読したり、自分で書いた論文に基づいて講演をすることをいいます。口頭とは、直接聴衆に口述するだけではなく、朗読や講演を録画・録音したものを再生することも含みます。

⑥展示権（法第25条）

　　展示権とは、「美術の著作物」及び「未発行の写真の著作物の原作品」を公に展示する権利です。著作物すべてが対象ではないことに注意してください。例えば、絵本は原画を基にして本として出版したものなので、複製物となります。そのために絵本は「美術の著作物」ではないので展示をすることができます。しかし、原画は「美術の著作物」ですので展示するためには許諾が必要となります。

写真の原作品は、ネガからプリントされたものを指します。ネガからプリントされたものは、通常では私たちには入手しにくいものです。私たちが通常入手する写真は、ネガやプリントから版を作って印刷された写真ですので、ここに言う写真には該当しません。したがいまして、これらの写真は許諾なしで展示できます。

⑦頒布権（法第26条）

頒布権とは、「映画の著作物」を頒布する権利です。頒布とは、複製物を譲渡したり、貸与したりすることをいいます。この映画の場合は、映画を公に上映するために譲渡したり貸与することを指し、いわゆるフィルム配給権をいいます。

⑧譲渡権（法第26条の2）

譲渡権とは、映画の著作物以外の原作品または複製物を譲渡によって提供する権利です。これにより人は著作権者の許諾なしで原作品または複製物を公衆（不特定多数）に譲渡することはできません。ただし、特定少数の者に譲渡することは、この規定に該当しませんので譲渡できます。また、いったん著作権者またはその許諾を得た者から譲渡されると、それ以降の譲渡に関してはこの権利は及びません。そのためにCDショップで購入した（譲渡された）CDを他に譲渡することは許諾なしで可能です。

⑨貸与権（法第26条の3）

貸与権とは、映画以外の複製物を公衆に貸与することができる権利です。ただし、営利を目的としない場合には許諾を得ずに貸与することができます。したがって、学校図書館や公共図書館は本を無料で貸出しするので、諾諾を得る必要はありません。

⑩翻訳権、翻案権等（法第27条）

翻訳権、翻案権とは、著作物を翻訳、編曲、変形、脚色、映画化等をする権利です。翻訳とは、小説などを他の言語に訳することで、翻案とは、その作品の思想・感情や基本的な筋、構成等は保ちつつ、表現方法を変えたり、新たな創作性を付け加えたりすることです。これにより新たに創作

された著作物を「二次的著作物」といい、これ自体も新たな著作物であり、この翻案をした人が著作者となり、著作権を所有します。

⑪二次的著作物の利用に関する原著作者の権利（法第28条）

　　二次的著作物の利用権とは、著作権者が原著作物から他の人が創作した二次的著作物の利用に関して、二次的著作物の著作権者が持つ著作権と同等の権利を利用することができる権利です。例えば、Ａさんが書いた小説をＢさんがまんがにした場合には、Ｂさんは小説を翻案してまんがにしたので、そのまんがについての著作権を持つことになります。すると、小説を書いたＡさんは、まんがを描いたＢさんが持つ著作権と同様の権利を持つことになります。したがって、他の人がこのまんがを利用しようとするときには、Ｂさんの許諾を得るほかに、原著作者のＡさんの許諾も得なくてはなりません。

Q_5　手塚治虫の作品は、今も著作権はあるのですか。

A_5　　手塚治虫の作品の著作権は、現在もあります。

　著作権の存続期間の原則は、著作物を創作したときから始まり、著作者の死後70年間で終わります（法第51条）。映画は公表後70年です（法第54条）。複数の著作者が創作した共同著作物は、最後の著作者の死亡後70年です。無名・変名の著作物は、著作者の死亡年月日を特定することが困難なので著作物の公表後70年間としていますが、死後70年間を経過していることが明らかになればその時点で著作権は消滅します。ただし、その変名がペンネームや芸名のように社会で広く知られている場合は、この限りではありません（法第52条）。団体名義の存続期間は、公表後70年間であり、創作後70年以内に公表されない場合は、創作後70年になります（法第53条）。

　著作権の存続期間の計算方法は、死亡、公表、創作した年の翌年の１月１日から起算します。手塚治虫は、1989年２月９日に亡くなりましたので著作

権の存続期間は1990年1月1日から起算し、70年後の2060年12月31日までとなります。したがって、2061年1月1日からは手塚治虫の作品には著作権はありませんので鉄腕アトムの絵も自由に利用できます。

　一方、著作者人格権は、一身専属ですので著作者が死亡したときに消滅します（法第62条）。しかし、それでは著作者の死後、その著作物が勝手に改変されるおそれがありますが、著作者の人格的利益の侵害は禁じられています。もし、侵す者がいれば、著作者の遺族が訴えを起こすことができます（法第60条）。

Q6　どのようにすれば著作物を利用できるのですか。

A6　人の著作物を利用するときには、その著作物の著作権を持つ人の許諾を得ればよいのです。

　許諾を得るには、次の方法があります。

①著作権を持つ人から直接許諾を得る

　著作権者本人から直接許諾を得る方法です。著作権者が自分の著作物の著作権収入を期待していない（いわゆるノンプロ）の場合の多くは、金銭のやりとりがともなわずに、口頭、手紙、メール等で許諾願いと許諾が行われることが多くあります。しかし、後々のトラブルを避けるために文書で許諾申請と文書による許諾を得るようにした方がよいでしょう。「著作物使用許諾願い」と「使用許諾書」によって、著作権者に許諾を得るようにします。

②著作権の管理を著作権者から委託されている著作権管理団体に申し込み等をして許諾を得る

　著作権収入が収入の重要な一部である著作権者（いわゆるプロ）の場合には、個人で著作権を管理するより、著作権管理団体に委託していることが多いので、その場合には著作権管理団体に著作物使用の申し込みをして

17

許諾を得ます。著作物に該当する管理団体のホームページ等に使用するときの手続きや申込書が掲載されていますので、それを利用します。ほとんどの場合、金銭のやりとりがありますので、学校や学校図書館ではあまり利用することはないでしょう。

Q_7 著作物を利用するときには、どんな場合でも許諾を得なければならないのですか。

A_7 原則は、A6のように、許諾を得なければなりませんが、いちいち得なくても利用できる例外規定があります。

著作物の利用にどのような利用の場合でもすべて許諾を得なければならないとなると、その著作物の利用は事実上不可能に近いことになります。そこで、著作権法では、例外規定を設け、許諾を得ることなく自由に利用できるようにしています。主なものは次の通りです。

①私的使用のための複製（法第30条）

　　個人的または家庭内のように限られた範囲で使用することを目的とする場合（私的使用）には、著作物を許諾なしで複製できます。したがって、家庭内で楽しむためにテレビの番組を録画したり、ラジオで放送されている音楽を録音したり、レンタルCDを録音することは許諾なしで行えます[※1]。しかし、仕事に利用するためにテレビの番組を家庭内で録画することは、私的利用ではないのでこの規定から逸脱した行為になります。

②図書館等における複製等（法第31条）

　　著作権法施行令[※2]で定められた図書館では、図書館の利用者に自館の図書館資料の複製を提供することができます。ただし、学校図書館はこの施行令の図書館に該当していません。

③引用（法第32条）

　　著作物の一部を引用して利用する場合には、許諾なしで行えます。

引用する場合には、次の要件をすべて満たしていなければなりません。
　ア　公正な慣行に合った方法
　イ　報道、批評、研究等のため
　ウ　正当な範囲

　また、自分の文と引用した文との区別が誰が見ても明確にわかるように、「　」でくくり、出典を明記します。
この出典は、何を出典としたかが他の人が容易にわかるように明示する必要があります。少なくとも書名、著者名、出版社、出版年程度は必要でしょう。
　引用の割合は自分のものが主であり、引用されたものが従であることが必要です。引用する際にも必要最小限度内で行います。
　学校の学習活動は、イの研究等に該当するために引用による許諾なしでの利用ができます。ただし、学校で引用する場合には、特に次の二つはしっかりと指導する必要があります。
　　・必ず出典を明示する。
　　・他の著作物の引用が多すぎないようにする。
　出典がないまま引用すると盗作と言われてもしかたがないこともあります。また、レポートや論文等を作成する際に、ウェブ上の他の複数の著作物から一部分をコピーして利用し、自分の論考等がほとんどないレポートや論文等が増えています。他の著作物を参考にすることは学習では必要ですが、それをそのまま自分のもののようにすることは、著作権法違反であり、学習の機会を自ら放棄するに等しいことですので、小学校からきちんと指導する必要があります。

④学校その他の教育機関における複製等（法第35条）
　学校においては、次の五つの要件をすべて満たせば許諾なしで利用ができます。ただし、一つでも欠けている場合には該当しませんので注意が必要です。

ア　公表された著作物であること

　イ　教育を担任する者及び授業を受ける者が複製すること

　ウ　授業の過程における使用を目的とすること

　エ　必要と認められる限度内で複製すること

　オ　著作権者の利益を不当に害さないこと

　「公表された著作物」とは、発行、上演、演奏、公衆送信、口述、展示、上映された著作物をいいます。また、複製以外にも、翻訳、編曲、変形、翻案も許諾なしで行えます（法第47条の６）。

　授業の「過程」による利用なので「過程」以外の利用は該当しません。例えば、複製したものを来年の授業で利用するために「保存」することは、この規定からは逸脱するので「保存」はできないとされています。

　このように、学校では授業における使用は、広範囲に許諾なして使用できます。ただし、公衆送信は認められていませんので、ホームページ等の作成・利用には注意が必要です（P.41※１参照）。

　上記の要件のア〜エを満たしても、最後のオ「著作権者の利益を不当に害さないこと」も注意が必要です。複製の態様が著作権者の利益を損なうような場合は該当しないということです。例えば、漢字ドリルや計算ドリルの見本品を複製したプリントを児童に配付して利用させることは、本来児童数分売れるはずのものが売れないことになるので、著作権者の利益を不当に害することになってしまいます。

　また、これは学校における「授業での利用」が目的の場合なので、例え学校内でも教職員、ＰＴＡ、ボランティアの研修資料として複製することは該当しません。

⑤営利を目的としない上演等（法第38条）

　劇の上演、音楽の演奏、公演等の口述、映画等の上映は、次の要件をすべて満たしていれば、許諾なしで利用できます。

　ア　営利を目的としないこと

　イ　どのような名目であれ、料金を取らずに、無料であること

ウ　実演家、演奏家に報酬を支払わないこと

　学校の文化祭等で学校の演劇部が市販の脚本集に掲載されている脚本によって入場無料の演劇を上演することは、許諾なしで行えます。

⑥許諾を必要としない著作物（法第13条）

　法令、国や地方公共団体の編集物、告示、訓令、通達等は、国民や地方公共団体に広く知らせるべきものであるので許諾は必要としません。ただし、国や地方公共団体が作成する編集物でも、無断転載を禁ずる旨が記載されている場合には、利用するときには許諾を得なければなりません。

Q8　小説をコピー機で複写しないで、手で書き写せば「複製」にはならないのでしょうか。

A8　複製とは、「印刷、写真、複写、録音、録画その他の方法により有形的に再製すること」（法第2条1項第15号）です。小説を手で他の紙等に写すことは、有形的に再製することに該当しますので、手で書き写すことも複製になります。同様に絵本の絵を手で描き写したり、絵画を模写したりすることも複製になります。テレビを録画することは複製になりますが、テレビの画面をカメラで撮ることも複製になります。携帯電話やスマートフォンで雑誌の写真を撮影することも複製になります。音楽CDを録音したり、講演会で講師の話を録音したりすることも複製になります。

　講演会で講師の話を録音したり、スクリーンにプレゼンテーションの資料を投影したものをカメラで撮影したりする光景がよく見られますが、これらは、講演の始まる前に講師に許諾を得る必要があります。または、講演の始まる前に司会者等から録音や撮影の可否についての話しがあります。禁止ということは、講師が複製を許諾していない、ということになります。

Q9　肢体不自由のために本を手で持てずに読書が十分にできない児童

がいます。**学校図書館で本を音読したものを録音して、いつでも読めるよう
にすることは許諾がいるのでしょうか。**

A9 本を手で持てない児童のために学校図書館が音読し録音すること
は、許諾を得る必要はありません。

　本が持てないと本の文字面を見ることが困難になり、視覚による認識がで
きないことになります。他の障害で視覚による認識ができない場合にもこれ
は該当します。

　学校図書館は、視覚による認識が困難な児童が読書を楽しめるように、本
の音読、録音、公衆送信は許諾を得なくてもできます。音読したデータを
メールで送信することもできます。ただし、その本の録音図書がすでに出版
されている場合には、この規定は該当しないことになり、許諾なしの録音等
はできません。

Q10 著作権法を侵すと、罰則があるのですか。

A10 著作権法も他の多くの法律のように罰則があります。

　著作権法の罰則は、軽いと誤解されているようですが、ＩＣＴが発展する
につれ著作権が重視され、罰則は重くなってきました。著作物のデジタル化
が進み、インターネットによる通信が容易になり、海賊版のような違法な複
製物が経費をかけずに販売できるようになりました。そのために被害額も急
激に多くなり、その対策の一つとして次のように罰則が強化されました。
　〈民事〉権利者は次の請求ができます。

- ・差止請求　　　　　　　違反するような行為を中止させる
- ・損害賠償請求　　　　　権利者がこうむる損害額を賠償させる
- ・不当利得返還請求　　　違反者が得た利益を返還させる
- ・名誉回復等の措置請求　名誉や声望を回復させる

〈刑事〉個人または法人に以下の懲役または罰金が科せられます。
　・個人　　10年以下の懲役　　1,000万円以下の罰金
　・法人　　3億円以下の罰金

　これまでは、著作権法の罰則の大部分は被害者が訴えなければ起訴できない親告罪でしたが、被害者の訴えがなくても検察が起訴できる非親告罪が多くなりました。これにより海賊版の販売等は起訴しやすくなりました。

※1　デジタルの場合
　デジタル形式の録音機器及び録音媒体を使って私的使用のために複製する場合は、複製の許諾を得る必要はありませんが、著作権者などに補償金を支払わなければなりません。実際には、補償金は録音機器や録音媒体の販売価格に含まれていますので複製する人が直接支払う必要はありません。この補償金は、著作権管理団体を通じて権利者に分配されることになります。

※2　著作権法施行令
第1条の3（図書館資料の複製が認められる図書館等）　法第31条第1項（法第86条第1項及び第102条第1項において準用する場合を含む。）の政令で定める図書館その他の施設は、次に掲げる施設で図書館法（昭和25年法律第118号）第4条第1項の司書又はこれに相当する職員として文部科学省令で定める職員（以下「司書等」という。）が置かれているものとする。
　1　図書館法第2条第1項　の図書館
　2　学校教育法（昭和22年法律第26号）第1条の大学又は高等専門学校（以下「大学等」という。）に設置された図書館及びこれに類する施設（以下、略）

2 | 学校図書館と著作権

Q11 学校図書館にコピー機を置いて、コピーサービスをしてよいのですか。

A11 公共図書館が行っているコピーサービスは、学校図書館ではできないとされています。

一般的にコピーサービスとは、公共図書館等の政令で定められた機関が調査研究を目的に自館の図書館資料を利用者に提供する文献複写サービスのことを言います。これは法第31条によって認められているので許諾なしでできます。しかし、この政令の規定には、公共図書館、大学図書館等は入っていますが、学校図書館は入っていません（P.18A7②参照）。

しかし、法第35条により「授業の過程」における複製は認められていますので、学校図書館に置いてあるコピー機を使って授業を担当している学級担任、教科担任、司書教諭、授業を受けている児童生徒がコピーして利用することはできます。

ただし、児童生徒が学習に関係なく、個人の趣味などで学習に関係ない本や雑誌または自分で持ってきた資料などをコピーすることは、学校の生徒指導上や学校図書館の管理上、認めない例が多くあります。認めるかどうかは、各学校で検討して決めることになります。

Q12 新聞・雑誌の記事をコピーして、学校図書館の情報ファイルとして保存・提供してよいのですか。

A13 新聞・雑誌の記事をコピーしたものを情報ファイル（ファイル資料）として保存するときには、許諾を得る必要があります。

　この場合のコピーは、家庭内・個人的なものではなく、授業の過程でもないので許諾を得る必要があります。

　学習活動で新聞・雑誌をコピーすることは、授業の過程であれば許諾は必要ありませんが、そのコピーしたものを学校図書館が保存することはできません。

　ただし、新聞・雑誌の記事のコピーではなく、記事が載っている箇所の新聞紙そのものを切り抜いて保存することは、複製ではありませんので許諾は必要としません。

Q13 本校では、図書館だよりは司書教諭が作成しています。この場合は、司書教諭に発令された教諭が学校の教育活動のために作成しているので法第35条の適用を受ける、と考えられますか。

A13 図書館だよりの作成は、通常は授業の過程で作成するものではないので、法第35条の適用の範囲外になります（P.19A７④参照）。

　法第35条により「教育を担任する者及び授業を受ける者」が「授業の過程における使用」が目的の場合には、複製等が許諾なしで可能となりますが、一般的には、図書館だよりの作成は授業としては行われないので法第35条は適用にはなりません。

　国語の授業の時間に児童生徒が図書館だよりを作成する場合、それは学校図書館の業務として作成されるものではなく、作文やレポートの作成と同様に授業の過程で作成するものなので法第35条が適用されます。

Q14 紙の図書館だよりに市販の本の表紙画像を載せてよいのですか。

A14
本の表紙の絵・写真が掲載されている場合、図書館だよりに掲載することは複製に該当するために、原則として許諾を得る必要があります。ただし、「本の貸出しを周知する」という目的のために表紙画像を掲載することは、許諾を得ることなく可能です。

児童書の場合は、児童書四者懇談会（日本児童出版美術家連盟、日本児童文学者協会、日本児童文芸家協会、日本書籍出版協会児童書部会）4団体は、本の表紙画像の図書館だより等への転載は「商品を明示しているものとみなされ慣行上無許諾で使用できる」として許諾不要の利用を認めています。

著作権法では、図書館だよりに「本の貸出しを周知するため」に、該当する本の表紙画像を掲載することは可能です（法第47条の2）。ただし、その画像は他からの流用ではなく、該当する本そのものから複製し、掲載する際の大きさが50平方センチメートル以下であることが必要です（著作権法施行規則第4条の2第1項）。

Q15 図書館だよりに人気アニメやまんがのキャラクターを載せてよいのですか。

A15
図書館だよりにアニメのキャラクター、まんが、挿絵を載せるには、許諾を得る必要があります。

テレビの人気アニメやまんがのキャラクターは、著作権法には定義してありませんが、判例によりキャラクターとは、まんが、アニメーション映画、

小説等に登場する人物・動物等の名まえ、図柄、姿態、性格、役割等の総称
したものとされています。キャラクター自体は著作物ではありませんが、
キャラクターが具体的に表現されているまんがは美術の著作物にあたり、ア
ニメーション映画は映画の著作物にあたります。

　例えば、まんが雑誌の15ページ2コマ目の主人公の絵をそのまま写して図
書館だよりに載せることは当然複製にあたりますので許諾を得る必要があり
ますが、特定のコマの絵を写すのではなく、主人公のキャラクターを自分で
表現して図書館だよりに載せるときにも許諾が必要になります。

　市販のカット集は、コピーして利用されることを前提にしてありますので
許諾なしで自由に利用できます。

Q16　図書館だよりに新聞社主催の「作文コンクール」の入賞作品を載せてよいのですか。

A16　図書館だよりに作文コンクールの入賞作品を掲載するには、通常は主催者である新聞社の許諾を得る必要があります。

　通常、コンクールの募集要項等には、「応募した作品の著作権は、主催者
に帰属します」と書いてあります。コンクールに参加することは、この募集
要項に書いてあることを了承の上応募する、とされますので、その場合著作
権は、新聞社が持つことになります。したがって、自校の児童生徒が内閣総
理大臣賞になり、その作品を図書館だよりに載せようとして作文を書いた本
人及び保護者に許諾を得ようとしても、その作文の著作権を持っていません
ので許諾をすることはできません。著作権を持つ新聞社に申請をして許諾を
得ることになります。ただし、著作者人格権は著作者が保持しますので、主
催者でも作品を改変することはできません。

Q17 図書館だよりに図書の書名、著者名、出版社名と内容紹介を載せるときには、許諾が必要ですか。

A17 図書館だよりに図書の書名、著者名、出版社名、発行年、分類記号等の書誌的事項を掲載することは、許諾を必要としません。

書誌的事項は、著作物ではありませんので許諾を得る必要はありません。著作物は、創作性を必要としますが、書誌的事項は事実のみなので創作性はなく、著作物とは言えません（P.10 A 3 参照）。

内容紹介は、著作物の概要を短く簡単に紹介するもので、特に許諾は必要とはしません。要約やダイジェストの場合は、内容がある程度わかるものであり、翻案と考えられていますので許諾が必要になります。

Q18 授業中に生徒の参考資料として配付した新聞の記事を全国の学校図書館でも自由に利用できるように学校のホームページに掲載するには、許諾が必要ですか。

A18 新聞の記事を学校のホームページに掲載するには、通常は許諾を得る必要があります。

新聞に掲載されている記事の大部分は著作物です。単なる事実を書いた死亡のお知らせやスポーツ試合の簡単な結果などは、創作性がないので著作物ではなく、許諾は必要とはしません。しかし、新聞記者が書いた記事、社外の人が書いた記事等は著作物なので利用するには許諾を得る必要があります。

授業中の配付資料として新聞記事をコピーし、生徒の人数分印刷して配付することは、授業の過程ですと法第35条により許諾なしにできますが、Q18の場合は授業の過程ではないのでホームページに掲載するような公衆送信は認められてはいません。新聞だけではなく、学習の資料として有用な本、雑誌、パンフレット類のような印刷資料、CDのような録音資料、DVDのよう

な映像資料でも同様です。

Q19 「絵画コンクール」の入賞作品を掲載した雑誌の絵のページを学校図書館に掲示するには、許諾は必要ですか。

A19 雑誌の絵のページを掲示することは、許諾なしでできます。

絵画コンクールの入賞作品は美術の作品であり、通常は主催者が著作権を持ちます。入賞した原作品そのものを展示するには、著作権者である主催者に許諾を得る必要があります。しかし、雑誌に掲載されている絵のページを掲示するのであり、原画を掲示するのではないので許諾を得る必要はありません。展示権は、絵の場合は原画・原作品を展示するとき関係しますが、雑誌に掲載された絵は、原作品ではなく複製物になります。複製物には展示権は及びませんので、掲示の許諾なしで掲示することができます。

Q20 テレビで放映された番組を家庭で録画して、学校図書館メディアとして保存してよいのですか。

A20 番組を録画して学校図書館メディアとして保存することはできません。

家庭内で録画しても、利用目的が家庭内等で見るのではなく、学校図書館メディアの一つにするための録画ですので、法第30条の「私的使用のための複製」に該当しません。

学校図書館メディアとして保存することは、学習活動に利用することが主な目的のために法第35条の「学校その他の教育機関における複製等」に該当しそうですが、「保存」することまでは認められてはいません。ただし、許

諾が得られれば録画を保存することはできます。

Q21 学校図書館で所蔵する映画のDVD、雑誌の付録のCD-ROMは、貸出しはできないのですか。

A21 貸出しができるものとできないものがあります。

　本などを無料で貸出しすることは法第38条により許諾なしでできます。しかし、映画の著作物は、無料であっても貸し出すことはできません。法第38条には、公表された著作物は営利を目的とせずに無料で貸し出すことができると規定していますが、その著作物は映画を除くとしているからです。この映画は、記録媒体は問いませんので、従来のフィルムの映画だけではなく、ビデオテープでもDVDディスクでも違いはありません。

　貸出しを認める旨の説明がパッケージ等に書いてある市販の映画のDVDは、学校図書館でも許諾なしで貸出しができます。学校図書館向けに制作されたDVDには貸出しや上映をあらかじめ許諾しているものもあります。

　雑誌の付録にCD-ROMやDVDがついているものがありますが、記録されているコンテンツに動画があると映画の著作物となりますので、無料であっても貸出しすることはできません。ただし、貸出しを認める文が雑誌本体やCD-ROM等に明記されている場合には、貸出しはできます。

Q22 昼休みに学校図書館でビデオの上映をしてよいのですか。

A22 昼休みに学校図書館でビデオの上映を行うことは、無料ならば許諾なしでできます。

　映画の上映は無料であれば許諾なしでできます（法第38条）。しかし、この場合上映するビデオの入手先や方法によって、上映できないこともありま

す。レンタルビデオ店で借りてきたDVDは、家庭内等の少人数で楽しむことを前提としての価格設定で貸出しをしていますので、学校図書館で多くの児童生徒を対象に上映することは、契約違反を問われることになります。

Q23 本の帯に書いてある文を図書館だよりに載せるときには、許諾を得る必要はあるのでしょうか。

A23 創作性のある文を載せた帯を利用する場合には許諾は必要です。

本の帯は、出版社が本の販売のために工夫した表現のもの、著書の一部を書き抜いたもの、絵やイラストと一体化した文など、創作性にあふれたものがあります。一方、ありきたりの表現で創作性が見られない帯もあります。法で規定する著作物とは、四つの要件をすべて満たしたものをいいますので、創作性のある帯には許諾が必要になりますが、誰でもが思いつくような創作性のない表現のものは許諾は不要です（P.10A 3 参照）。

Q24 児童生徒が学習で作成したレポート等を来年度の学習の参考にするために学校図書館で保存・提供したいのですが、許諾を誰から得ればよいのでしょうか。

A24 児童生徒の許諾と保護者の同意が必要です。

学習で作成したレポート、新聞、絵画等は、授業での作成でも著作権は児童生徒が持っています。たとえ著作権者である児童生徒が学校図書館への譲渡を許諾しても、未成年の契約を取り消す権限を持つ親権者である保護者の同意がないと譲渡を取り消される可能性があります。

コピーをとって、そのコピーを保存することもありますが、この場合は児童生徒が持つ複製権の許諾と保護者の同意が必要になります。

Q25 図書委員が校内放送で本の読み聞かせをしたいと思います。対面ではなく放送なので許諾を得なければならないのでしょうか。

A25 許諾を得ないで校内放送で読み聞かせができます。

　読み聞かせは、営利を目的とせず、実演者に報酬を支払わなければ許諾を必要としません（P.44 A 40参照）。

　この場合、対面による読み聞かせではなく、校内放送で行うために、放送内容が校舎内各所に送信されるので放送に該当すると思われがちですが、「放送」は、法上では公衆送信となります。しかし、同一構内だけに送信される場合には、公衆送信に該当しませんので、校内という同一構内での送信は、許諾なしでできます。

3 学習活動と著作権

Q26 「学校では、教育に関係する著作物は自由に利用できる。」と言われましたが、校内研修のために資料のコピーを自由にできるのでしょうか。

A26 校内研修のための資料のコピーは、許諾を得る必要があります。

学校だからといっても教育に関係する著作物の利用は許諾を得ずに自由にできる、ということはありません。

学校に関する著作物の利用について直接規定している条文は、法第35条だけです。まずは、ここで規定していることを正確に理解する必要があります。この条文では、次の五つの要件を満たせば、著作権者の許諾を得ずに著作物を複製、翻訳、編曲、変形、翻案、公衆送信（一部）できる、と規定しています（P.41※1参照）。

　ア　公表された著作物であること

　イ　教育を担任する者及び授業を受ける者が複製すること

　ウ　授業の過程における使用を目的とすること

　エ　必要と認められる限度内で複製すること

　オ　著作権者の利益を不当に害さないこと

利用する著作物が公表されたものであること、そしてこれらの複製等をするのは教育を担任する学級担任・教科担任等の教員や授業を受ける児童生徒ですので、学校で活動するボランティアはあてはまりません。学校内の活動すべてが対象ではなく、「授業の過程」における利用のみとしています。ですから、授業以外の校務、研修での利用までは認められていません。また、授業に関係していても、授業の終了後の利用はできませんので、著作物の複

33

製物の保存はできないことになります。利用に際しても、必要以上の複製等はできません。例えば、資料を30枚コピー（複製）すれば足りるのに、60枚コピーすることはあてはまりません。以上の要件を満たしても、例えば学級全員が購入することを前提に割安の価格設定をしている漢字ドリルや計算ドリルの1冊をコピーして人数分印刷して児童生徒に利用させることは、通常ならばドリルが30冊売れるはずであるが1冊しか売れなくなります。すなわち、著作権者の利益を不当に害することになってしまいます。

　現在、授業の過程において、例えばＡ校で行われる授業をＢ校で同時に授業を受ける児童生徒に資料等を公衆送信することは許諾は必要ありません。さらに、法改正（2018年5月）により同時ではなくても公衆送信も可能となりますが、2019年2月現在は施行はまだされていませんので、公衆送信はできません（P.41※1参照）。

Q27　学校図書館の蔵書の小説を劇の脚本にして、その脚本で生徒が学校で上演をするには、許諾が必要ですか。

A27　小説を劇の脚本にして、生徒が劇を上演することは、通常は許諾なしでできます。

　小説を劇や紙芝居にするように表現形式を変え、新たに創作性を付け加えることを翻案といいます。翻案することは、法第47条の6により学校の授業、クラブ活動の場合には許諾なしでできます。授業ではなく、地域やＰＴＡのイベント等で行うときには、学校の授業ではないために許諾を得る必要があります。

新たに創作された脚本で演じることは、学校の授業やクラブ活動で行うことなので、当然無料で鑑賞し、演じる生徒にも謝金は払いませんので許諾を得る必要はありません。

Q28 社会科の学習用資料として、ある本に載っていた写真をコピーして利用しましたが、貴重な資料なので広く知ってもらうために学校図書館のホームページに掲載したいと思います。許諾は必要でしょうか。

A28 コピーした写真をホームページにアップするためには許諾を得る必要があります。

社会科の学習の資料として本に載っていた写真をコピーすることは、授業の過程でしたら許諾を得る必要はありません（法第35条）。しかし、これをホームページにアップすることまではできません。アップするとサーバーからいつでも公衆の求めにより自動的に公衆送信（自動公衆送信）することが可能になり、これは授業の過程ではないので許諾なしではできません。

Q29 インターネットを利用して他の学校と協同して学習を行う場合、他の人の著作物を送信してもよいのですか。

A29 原則として許諾を得る必要がありますが、特定の利用のしかたでは許諾を得ることなく利用できます。

著作権のある著作物をインターネットで送信することは、公衆送信になり、授業の過程であっても許諾なしではできません。しかし、次のような場合には許諾なしで送信することは可能です（第35条第2項）。

沖縄県のA小学校と北海道のB小学校が協同で社会科の学習を行っている場合を想定します。A小学校の児童に配付したり、映写幕に投影したりする

資料の画像や映像を「同時に」インターネットでB校に送信し、B校の児童はA校から送信された資料をプロジェクターで投影して画像や映像を学習の資料として利用する場合には、許諾は必要ありません。同様に、B校がA校に資料をインターネットで送信することも、「同時に」利用する場合には、許諾を得る必要はありません。A校とB校の児童は、沖縄県と北海道にいながらにして、リアルタイムで同じ資料を利用し、意見交換をしながら学習を進めていくことが可能となります。このように「同時に授業を受ける」ことが要件となっています。

したがって、B校がA校から送信された画像や映像を記録媒体に保存し、後日の授業に利用することは、認められていません。また、学校や学校図書館のホームページにアップしたり、学校図書館メディアとして学校図書館で保存したりしておくこともできません。

ただし、送信できる資料には、ドリルのような本来は児童一人ひとりが購入して利用するものは対象になっていません。これを送信することは、著作権者の利益を不当に害することになるからです（P.41※1参照）。

Q30 学校の運動会で、児童がドラえもんのキャラクターを大きく描いて運動場に掲示したり、ぬいぐるみを作ったりして仮装するのはよいでしょうか。

A30 運動会でドラえもんのキャラクターを掲示したり、ぬいぐるみにしたりすることは、許諾なしでできます。

アニメのドラえもんのキャラクターを絵に描くことは複製であり、ぬいぐるみにすることは翻案に該当します。これらは、通常は許諾を得る必要があります。

しかし、学校の運動会は、教育課程にのっとった授業ですので、法第35条及び第47条の6により翻案は許諾なしで行うことができます。

ただし、保存はできませんので運動会が終わった後まで掲示したり、ぬいぐるみを他の用途で利用したりすることはできません。

Q31 著作物を教材として加工、配付等で使用する場合に著作権法上で注意する点は何ですか。

A31 著作物を教材として授業の過程で使用するときには、許諾を得る必要はありません。ただし、その利用の態様によっては許諾が必要になります。

著作物は、授業の過程であれば、複製、翻訳、編曲、変形、翻案により使用することできます。教材として使用するときには、大部分がこのような方法になるかと思います。

教材の加工は、一部分を省いたり、付け加えたり、変更したりすることですが、著作者人格権の一つの同一性保持権を侵すおそれがありますので注意が必要です。翻案や変形の範囲内であれば、許諾は必要ではありません。

教材の配付は、授業の過程で必要限度以内であれば問題はありません。配付対象は、授業を受ける児童生徒であり、研究授業等でその授業を参観している教員は、対象とはなりません。

Q32 修学旅行のしおり作りのときに、他の著作物をコピーして載せてもよいのでしょうか。

A32 修学旅行のしおりを作るために、他の著作物をコピーして載せることは、法第35条により許諾なしでできます。

修学旅行は、教育課程にのっとった授業ですので、そのしおり作りのために担任がコピーしたり、児童生徒がコピーして利用したりすることができます。

しおりは、修学旅行の学習の準備過程で作成し、旅行当日にも利用します。見学に行くための地図、交通機関、時刻表、運賃、見学先の資料等、盛りだくさんの内容を調べ、しおりに作成していきます。コピーしたものをそのまま利用する際には、出典、その資料の作成年を明記します。作成年がないものは、旅行に利用できるかどうか不明な点があります。交通機関の時刻等が変更になることも多く、古い資料ですと誤った計画を作成するおそれがあります。

Q33　児童生徒の作文の漢字の間違いや句読点を訂正して、文集に載せてよいのでしょうか。

A33　児童の作文の漢字や送りがなの間違い、句読点の訂正などは、先生が作文を書いた本人の許諾を得ずに訂正することができます。

一般的には、他の著作物に対して改変を加えることは、著作者人格権のうちの同一性保持権に抵触することになります。しかし、学習指導上で必要な範囲内で漢字や送りがな、句読点の誤りの訂正等は、許諾なしでできます。また、旧漢字、旧仮名遣いで書かれた文献を引用するときに現在の漢字、仮名遣いに訂正することも許諾なしで行えます。

作文の筋や登場人物等について、著作者である本人の承諾なしで改変することは、同一性保持権をおかすことになるのでできません。

Q34 学習成果をレポートなどの形でまとめるときに、他の人が書いたことや新聞などの記事の一部を引用するときには、許諾は必要ですか。

A34 引用は、自分の意見等を補強したり、裏付けしたり、よりわかりやすくしたりするために必要不可欠な場合に自分の著作物に他人の著作物を載せることです。例えば、自分の書くレポートに自分の主張したいことと同主旨の論文の一部や裏付けとなる資料、写真、グラフを載せることです。そのために引用する必然性が要求されます。自分のレポートの内容と全く関係ない、またはわざわざ引用しなくともよいものまでを載せることは、引用とは言えません。

引用とは、次の要件を満たしたものになります。満たさないで載せると、引用でなく、もっとも恥ずべき行為と言われている盗作になりかねません。

① 公正な慣行に合った方法で行うこと
② 報道、批評、研究などに利用すること
③ 正当な範囲や分量の範囲以内で利用すること
④ 著作者人格権を守ること
⑤ 引用を行う必然性があること
⑥ 自分の文と引用部分を明確に区別すること
⑦ 出所を明記すること
⑧ 自分の文が主で、引用部分が従となる「主従関係」が明確であること

自分の文と引用部分が一目でわかるように、引用文を「　」でくくるなどをして、どの部分が引用か一目でわかるようにします。引用部分はどこからもってきたのかがわかるように出所や出典を明記します。出典は次の事項を書くようにするとよいでしょう。

〈図　書〉　著者名、題名、出版社名、出版年、引用するページ
〈雑　誌〉　著者名、題名、雑誌名、号数、発行年、引用ページ
〈新　聞〉　紙名、発行年月日、朝夕刊、版、見出し
〈ウェブサイト〉　著者名、ページタイトル、サイト名、引用ページの最

終更新日、ページURL 、引用した日及び時刻

　また、自分の文がほんのわずかで、引用部分が大部分を占めるものも引用とは言えません。量的だけではなく質的にも自分で書いたものが大部分を占めるものが主であり、必要最小限度の引用部分が従の関係が明確にわかることが要求されます。引用は、人の著作物を許諾なしで利用できる反面、前述のように厳しい面もあることを忘れてはなりません。

Q35　授業中、学校司書は学習に必要な資料のコピーをできるのでしょうか。

A35　法第35条第１項により、五つの要件を満たせば許諾を得ないでも複製等ができます（P.18A７参照）。その要件の一つの複製等を行う主体は「教育を担任する者及び授業を受ける者」としています。教育を担任する者とは、年間指導計画・カリキュラムにのっとり正規の授業を行う責任を有し、その授業の授業計画を作成し、実施する者を指します。したがいまして、学校司書はこの「担任する者」に該当しないと解されています。

　一方、2002年の法改正を受けて制定された「学校図書館ガイドライン」（2016年文部科学省）には、学校司書は「学校図書館を活用した授業やその他の教育活動を司書教諭や教員と共に進める。」と、学校司書が授業に関わることが明記されています。したがいまして授業の責任者である教員の管理監督のもとに授業支援の一つとして複製をすることは可能であると解されます。

　なお、2004年に施行された著作権法改正に伴って著作権者側が作成した「学校その他の教育機関における著作物の複製に関する著作権法第35条ガイドライン」によりますと、教育を担任する者は、「「授業」を担任する教師、教授、講師 等（教員免許等の資格の有無は問わない）」としています。

Q36 調べ学習のまとめとして児童が作成した「環境新聞」が優秀でしたので、市内の展覧会に出品したいと思います。その「環境新聞」には他の著作物が多く載っていますが、許諾を得る必要はありますか。

A36 「環境新聞」に掲載されている著作物の許諾を得る必要があります。

調べ学習のまとめに「環境新聞」を作成することは、法第35条の五つの要件を満たしていれば他の著作物、例えば新聞記事のコピーを新聞に掲載することは許諾を得る必要はありません。

しかし、この作品を市内の展覧会に出品するとなると問題があります。作品を展覧会に出品することは、授業の過程での新聞の複製には該当しませんので、新聞の複製の許諾を得なくてはなりません。校外において作品を掲示することは、授業の過程における校内の掲示とは異なり、法第35条に抵触するおそれがあります。この例のように、校外への展覧会、コンクール等への出品の際には、著作権に触れないように注意をする必要があります。

※1 法第35条の改正により、第35条に規定する五つの要件を満たす場合には、公衆送信が許諾を得ずにできることになりました。この場合には学校の設置者が著作権者に補償金を支払うことになります。ただし、これまで授業を他地域の学校と同時に行う場合には、授業で利用する資料等の公衆送信の許諾は必要ありませんでしたが、今回の法改正でも補償金は支払う必要はありません。

これは、改正第35条の施行が、「公布の日から起算して3年を超えない範囲内において政令に定める日」となっています。2019年2月現在、施行日を定める政令が出ていませんので、政令が出るまではこれまで通り公衆送信はできません。

4 ボランティアと著作権

Q37 ボランティアが市販の絵本を大型紙芝居にしたり、パネルシアターにしたりして上演することはよいのでしょうか。

A37 市販の絵本を大型紙芝居にしたり、パネルシアターにしたりするには、許諾を得る必要があります。

　絵本という本の表現形式を紙芝居やパネルシアターの表現形式にすることは翻案にあたります。翻案するためには、著作権者の許諾を得る必要があります。学校の授業で教科書に載っている物語を紙芝居にしたり、劇化したりする翻案は認められていますが、ボランティアがすることは認められていません。

　翻案するにあたっては、あくまでも原著作物を尊重することが大切です。プロの作者が絵本の形で表現した作品を大型紙芝居にしたり、パネルシアターにしたりして翻案し、子どもたちに見せる意義や目的等を原作者に十分理解をしていただくことが大事です。また、同一性保持権をおかすような改変をしないように注意します。

　また、このようにして作られたパネルシアターは、二次的著作物となります。この二次的著作物をさらに他のボランティアが翻案して作成するときには、このパネルシアターを作った著作者の許諾だけではなく、原著作者の許諾も得なくてなりません。原著作者は二次的著作物の利用権を持っているからです。

　なお、市販の大型紙芝居やパネルシアターは、著作権者との権利処理済みですのでそのまま上演できます。

Q38 昔話の「桃太郎」を紙芝居にすることは、著作権法上の問題はありますか。

A38 特定の物語や絵本を元にするのではなく、昔から言い伝えられた桃太郎話を元にする場合には、著作者がいないことになりますので許諾等は不要になります。

特定の著者が書いた桃太郎の物語や絵本を紙芝居にするには、その著者の許諾を得る必要があります。物語や絵本を紙芝居にすることは翻案になりますので許諾を得る必要があります。

学校の授業で紙芝居にするときには、授業の過程で児童生徒が作るので許諾を得る必要はありません。

Q39 人気絵本の登場人物を大きく描いて、学校図書館の壁に掲示するには、許諾は必要でしょうか。

A39 絵本の登場人物を描いて学校図書館の壁に掲示するには、許諾を得る必要があります。

絵本の登場人物を大きく描くことは、複製することになります。学校図書館に掲示することが目的ですので、家庭内などのような限られた範囲内での利用とは異なりますので許諾を得る必要があります。この場合、絵本の特定の画面をコピーするのではなく、その登場人物のキャラクターを描くことも同様に許諾を得る必要があります。

Q40 ボランティアが毎朝教室で市販の絵本を読み聞かせをしていますが、許諾は必要ですか。

A40 絵本の読み聞かせは無料であれば許諾なしでできます。

絵本を読み聞かせすることは、絵本の口述となります。口述は、入場料等はとらず、読み聞かせの演者に報酬を支払わなければ、許諾は必要ありません（第38条）。ボランティアの読み聞かせですので、当然料金やボランティアへの報酬はありませんので許諾を得る必要ありません。ただし、その絵本の筋を変えたり、登場人物の名まえを変えたりすることはできません。これは著作者人格権の一つの同一性保持権を侵すことになるからです。

ボランティアによる読み聞かせは、学校教育の場で行うために学級担任が司書教諭・学校司書、図書館主任と相談しながら、対象児童の発達段階や興味関心に基づいた書目の選択、読む時間、学級の児童の実態、読書歴、学校全体の読書指導の重点や計画との整合性等に関して、綿密な打合せにより行われます。学校では計画的、体系的に読書指導を行いますので、ボランティアの読み聞かせもそれに合わせて行います。

Q41 ボランティアがテレビ番組の著名な俳優の朗読を家庭で録画して、学校で児童に見せることはよいのでしょうか。

A41 テレビ番組の朗読の録画を学校の児童に見せることはできません。

テレビ番組の録画は、家庭内で見ることは私的複製のため許諾は必要ありませんが、学校で児童に見せることは私的複製には該当しません。学校の授業の過程で先生が見せることは法第35条の学校における複製になりますので許諾なしでできますが、ボランティアは授業を担任しているのではないので第35条は該当しません。

著作物の利用に関する問い合わせ先

音楽
　一般社団法人日本音楽著作権協会
　〒151-8540　東京都渋谷区上原3-6-12
　☎03-3481-2121

脚本
　協同組合日本脚本家連盟　著作権部
　〒106-0032　東京都港区六本木6-1-20
　　　　　　　六本木電気ビル
　☎03-3401-2304

　協同組合日本シナリオ作家協会
　〒107-0052　東京都港区赤坂5-4-16
　　　　　　　シナリオ会館
　☎03-3584-1901

コンピュータ・プログラム
　一般社団法人コンピュータソフトウェア
　著作権協会
　〒112-0012　東京都文京区大塚5-40-18
　　　　　　　友成フォーサイトビル
　☎03-5976-5175

美術
　一般社団法人日本美術家連盟
　〒104-0061　東京都中央区銀座3-10-19
　　　　　　　美術家会館
　☎03-3542-2581

ビデオ
　一般社団法人日本映像ソフト協会
　〒104-0045　東京都中央区築地2-11-24
　　　　　　　第29興和ビル別館
　☎03-3542-4433

　株式会社日本国際映画著作権協会
　〒102-0082　東京都千代田区一番町23-3

　　　　　　　日本生命一番町ビル
　☎03-3265-1401

実演
　公益社団法人日本芸能実演家団体協議会
　〒163-1466　東京都新宿区西新宿3-20-2
　　　　　　　東京オペラシティタワー11階
　☎03-5353-6600

写真
　一般社団法人日本写真著作権協会
　〒102-0082　東京都千代田区一番町25
　　　　　　　JCIIビル304
　☎03-3221-6655

小説
　公益社団法人日本文藝家協会
　〒102-8559　東京都千代田区紀尾井町3-23
　　　　　　　文藝春秋ビル新館
　☎03-3265-9658

著作物
　公益社団法人著作権情報センター
　〒164-0012　東京都中野区本町1-32-2
　　　　　　　ハーモニータワー22階
　☎03-5333-0393

文献複写
　公益社団法人日本複製権センター
　〒107-0061　東京都港区北青山3-3-7
　　　　　　　第一青山ビル
　☎03-3401-2382

レコード
　一般社団法人日本レコード協会
　〒105-0001　東京都港区虎ノ門2-2-5
　　　　　　　共同通信会館
　☎03-5575-1301

著 作 権 法 （抄）

（沿革）昭和45年5月6日法律第48号制定
平成30年7月13日法律第72号最終改正

第1条（目的） この法律は，著作物並びに実演，レコード，放送及び有線放送に関し著作者の権利及びこれに隣接する権利を定め，これらの文化的所産の公正な利用に留意しつつ，著作者等の権利の保護を図り，もつて文化の発展に寄与することを目的とする。

第2条（定義） この法律において，次の各号に掲げる用語の意義は，当該各号に定めるところによる。

1 著作物 思想又は感情を創作的に表現したものであつて，文芸，学術，美術又は音楽の範囲に属するものをいう。

2 著作者 著作物を創作する者をいう。

3 実演 著作物を，演劇的に演じ，舞い，演奏し，歌い，口演し，朗詠し，又はその他の方法により演ずること（これらに類する行為で，著作物を演じないが芸能的な性質を有するものを含む。）をいう。

4 実演家 俳優，舞踊家，演奏家，歌手その他実演を行う者及び実演を指揮し，又は演出する者をいう。

7の2 公衆送信 公衆によつて直接受信されることを目的として無線通信又は有線電気通信の送信（電気通信設備で，その一の部分の設置の場所が他の部分の設置の場所と同一の構内（その構内が二以上の者の占有に属している場合には，同一の者の占有に属する区域内）にあるものによる送信（プログラムの著作物の送信を除く。）を除く。）を行うことをいう。

8 放送 公衆送信のうち，公衆によつて同一の内容の送信が同時に受信されることを目的として行う無線通信の送信をいう。

9 放送事業者 放送を業として行う者をいう。

9の2 有線放送 公衆送信のうち，公衆によつて同一の内容の送信が同時に受信されることを目的として行う有線電気通信の送信をいう。

9の3 有線放送事業者 有線放送を業として行う者をいう。

9の4 自動公衆送信 公衆送信のうち，公衆からの求めに応じ自動的に行うもの（放送又は有線放送に該当するものを除く。）をいう。

9の5 送信可能化 次のいずれかに掲げる行為により自動公衆送信し得るようにすることをいう。

イ 公衆の用に供されている電気通信回線に接続している自動公衆送信装置（公衆の用に供する電気通信回線に接続することにより，その記録媒体のうち自動公衆送信の用に供する部分（以下この号において「公衆送信用記録媒体」という。）に記録され，又は当該装置に入力される情報を自動公衆送信

する機能を有する装置をいう。以下同じ。）の公衆送信用記録媒体に情報を記録し，情報が記録された記録媒体を当該自動公衆送信装置の公衆送信用記録媒体として加え，若しくは情報が記録された記録媒体を当該自動公衆送信装置の公衆送信用記録媒体に変換し，又は当該自動公衆送信装置に情報を入力すること。

10 映画製作者 映画の著作物の製作に発意と責任を有する者をいう。

10の2 プログラム 電子計算機を機能させて一の結果を得ることができるようにこれに対する指令を組み合わせたものとして表現したものをいう。

10の3 データベース 論文，数値，図形その他の情報の集合物であつて，それらの情報を電子計算機を用いて検索することができるように体系的に構成したものをいう。

11 二次的著作物 著作物を翻訳し，編曲し，若しくは変形し，又は脚色し，映画化し，その他翻案することにより創作した著作物をいう。

12 共同著作物 二人以上の者が共同して創作した著作物であつて，その各人の寄与を分離して個別的に利用することができないものをいう。

13 録音 音を物に固定し，又はその固定物を増製することをいう。

14 録画 影像を連続して物に固定し，又はその固定物を増製することをいう。

15 複製 印刷，写真，複写，録音，録画その他の方法により有形的に再製することをいい，次に掲げるものについては，それぞれ次に掲げる行為を含むものとする。

イ 脚本その他これに類する演劇用の著作物 当該著作物の上演，放送又は有線放送を録音し，又は録画すること。

ロ 建築の著作物 建築に関する図面に従つて建築物を完成すること。

16 上演 演奏（歌唱を含む。以下同じ。）以外の方法により著作物を演ずることをいう。

17 上映 著作物（公衆送信されるものを除く。）を映写幕その他の物に映写することをいい，これに伴つて映画の著作物において固定されている音を再生することを含むものとする。

18 口述 朗読その他の方法により著作物を口頭で伝達すること（実演に該当するものを除く。）をいう。

19 頒布 有償であるか又は無償であるかを問わず，複製物を公衆に譲渡し，又は貸与することをいい，映画の著作物又は映画の著作物において複製されている著作物にあつては，これらの著作物を公衆に提示することを目的として当該映画の著作物の複製物を譲渡し，又は貸与することを含むものとする。

23 国内 この法律の施行地をいう。

2 この法律にいう「美術の著作物」には，美術工芸品を含むものとする。

3 この法律にいう「映画の著作物」には，映画の効果に類似する視覚的又は

視聴覚的効果を生じさせる方法で表現され，かつ，物に固定されている著作物を含むものとする。

4　この法律にいう「写真の著作物」には，写真の製作方法に類似する方法を用いて表現される著作物を含むものとする。

5　この法律にいう「公衆」には，特定かつ多数の者を含むものとする。

6　この法律にいう「法人」には，法人格を有しない社団又は財団で代表者又は管理人の定めがあるものを含むものとする。

7　この法律において，「上演」，「演奏」又は「口述」には，著作物の上演，演奏又は口述で録音され，又は録画されたものを再生すること（公衆送信又は上映に該当するものを除く。）及び著作物の上演，演奏又は口述を電気通信設備を用いて伝達すること（公衆送信に該当するものを除く。）を含むものとする。

8　この法律にいう「貸与」には，いずれの名義又は方法をもつてするかを問わず，これと同様の使用の権原を取得させる行為を含むものとする。

第10条(著作物の例示)　この法律にいう著作物を例示すると，おおむね次のとおりである。

1　小説，脚本，論文，講演その他の言語の著作物

2　音楽の著作物

3　舞踊又は無言劇の著作物

4　絵画，版画，彫刻その他の美術の著作物

5　建築の著作物

6　地図又は学術的な性質を有する図面，図表，模型その他の図形の著作物

7　映画の著作物

8　写真の著作物

9　プログラムの著作物

2　事実の伝達にすぎない雑報及び時事の報道は，前項第1号に掲げる著作物に該当しない。

第12条(編集著作物)　編集物（データベースに該当するものを除く。以下同じ。）でその素材の選択又は配列によつて創作性を有するものは，著作物として保護する。

2　前項の規定は，同項の編集物の部分を構成する著作物の著作者の権利に影響を及ぼさない。

第12条の2(データベースの著作物)　データベースでその情報の選択又は体系的な構成によつて創作性を有するものは，著作物として保護する。

第13条(権利の目的とならない著作物)　次の各号のいずれかに該当する著作物は，この章の規定による権利の目的となることができない。

1　憲法その他の法令

2　国若しくは地方公共団体の機関，独立行政法人（独立行政法人通則法（平成11年法律第103号）第2条第1項に規定する独立行政法人をいう。以下同じ。）又は地方独立行政法人（地方独立行政法人法（平成15年法律第118号）第2条第1項に規定する地方独立行政法人をいう。以下同じ。）が発する告示，訓令，通達その他これらに類するもの

3 裁判所の判決，決定，命令及び審
判並びに行政庁の裁決及び決定で裁
判に準ずる手続により行われるもの
4 前3号に掲げるものの翻訳物及び
編集物で，国若しくは地方公共団体
の機関，独立行政法人又は地方独立
行政法人が作成するもの

第18条（公表権） 著作者は，その著作物
でまだ公表されていないもの（その同
意を得ないで公表された著作物を含む。
以下この条において同じ。）を公衆に
提供し，又は提示する権利を有する。
当該著作物を原著作物とする二次的著
作物についても，同様とする。

第19条（氏名表示権） 著作者は，その著
作物の原作品に，又はその著作物の公
衆への提供若しくは提示に際し，その
実名若しくは変名を著作者名として表
示し，又は著作者名を表示しないこと
とする権利を有する。その著作物を原
著作物とする二次的著作物の公衆への
提供又は提示に際しての原著作物の著
作者名の表示についても，同様とする。

第20条（同一性保持権） 著作者は，その
著作物及びその題号の同一性を保持す
る権利を有し，その意に反してこれら
の変更，切除その他の改変を受けない
ものとする。

2 前項の規定は，次の各号のいずれか
に該当する改変については，適用しな
い。
1 第33条第1項（同条第4項におい
て準用する場合を含む。），第33条の
2第1項又は第34条第1項の規定に
より著作物を利用する場合における
用字又は用語の変更その他の改変で，

学校教育の目的上やむを得ないと認
められるもの

第21条（複製権） 著作者は，その著作物
を複製する権利を専有する。

第22条（上演権及び演奏権） 著作者は，
その著作物を，公衆に直接見せ又は聞
かせることを目的として（以下「公
に」という。）上演し，又は演奏する
権利を専有する。

第22条の2（上映権） 著作者は，その著
作物を公に上映する権利を専有する。

第23条（公衆送信権等） 著作者は，その
著作物について，公衆送信（自動公衆
送信の場合にあつては，送信可能化を
含む。）を行う権利を専有する。

2 著作者は，公衆送信されるその著作
物を受信装置を用いて公に伝達する権
利を専有する。

第24条（口述権） 著作者は，その言語の
著作物を公に口述する権利を専有する。

第25条（展示権） 著作者は，その美術の
著作物又はまだ発行されていない写真
の著作物をこれらの原作品により公に
展示する権利を専有する。

第26条（頒布権） 著作者は，その映画の
著作物をその複製物により頒布する権
利を専有する。

2 著作者は，映画の著作物において複
製されているその著作物を当該映画の
著作物の複製物により頒布する権利を
専有する。

第26条の2（譲渡権） 著作者は、その著
作物（映画の著作物を除く。以下この
条において同じ。）をその原作品又は
複製物（映画の著作物において複製さ
れている著作物にあつては，当該映画

の著作物の複製物を除く。以下この条において同じ。）の譲渡により公衆に提供する権利を専有する。

第26条の3（貸与権） 著作者は，その著作物（映画の著作物を除く。）をその複製物（映画の著作物において複製されている著作物にあつては，当該映画の著作物の複製物を除く。）の貸与により公衆に提供する権利を専有する。

第27条（翻訳権，翻案権等） 著作者は，その著作物を翻訳し，編曲し，若しくは変形し，又は脚色し，映画化し，その他翻案する権利を専有する。

第28条（二次的著作物の利用に関する原著作者の権利） 二次的著作物の原著作物の著作者は，当該二次的著作物の利用に関し，この款に規定する権利で当該二次的著作物の著作者が有するものと同一の種類の権利を専有する。

第30条（私的使用のための複製） 著作権の目的となつている著作物（以下この款において単に「著作物」という。）は，個人的に又は家庭内その他これに準ずる限られた範囲内において使用すること（以下「私的使用」という。）を目的とするときは，次に掲げる場合を除き，その使用する者が複製することができる。

第31条（図書館等における複製等） 国立国会図書館及び図書，記録その他の資料を公衆の利用に供することを目的とする図書館その他の施設で政令で定めるもの（以下この項及び第3項において「図書館等」という。）においては，次に掲げる場合には，その営利を目的としない事業として，図書館等の図書，記録その他の資料（以下この条において「図書館資料」という。）を用いて著作物を複製することができる。

1　図書館等の利用者の求めに応じ，その調査研究の用に供するために，公表された著作物の一部分（発行後相当期間を経過した定期刊行物に掲載された個々の著作物にあつては，その全部。第3項において同じ。）の複製物を一人につき一部提供する場合

第32条（引用） 公表された著作物は，引用して利用することができる。この場合において，その引用は，公正な慣行に合致するものであり，かつ，報道，批評，研究その他の引用の目的上正当な範囲内で行なわれるものでなければならない。

2　国若しくは地方公共団体の機関，独立行政法人又は地方独立行政法人が一般に周知させることを目的として作成し，その著作の名義の下に公表する広報資料，調査統計資料，報告書その他これらに類する著作物は，説明の材料として新聞紙，雑誌その他の刊行物に転載することができる。ただし，これを禁止する旨の表示がある場合は，この限りでない。

第35条（学校その他の教育機関における複製等） 学校その他の教育機関（営利を目的として設置されているものを除く。）において教育を担任する者及び授業を受ける者は，その授業の過程における使用に供することを目的とする場合には，必要と認められる限度において，公表された著作物を複製するこ

とができる。ただし，当該著作物の種類及び用途並びにその複製の部数及び態様に照らし著作権者の利益を不当に害することとなる場合は，この限りでない。

2　公表された著作物については，前項の教育機関における授業の過程において，当該授業を直接受ける者に対して当該著作物をその原作品若しくは複製物を提供し，若しくは提示して利用する場合又は当該著作物を第38条第1項の規定により上演し，演奏し，上映し，若しくは口述して利用する場合には，当該授業が行われる場所以外の場所において当該授業を同時に受ける者に対して公衆送信（自動公衆送信の場合にあつては，送信可能化を含む。）を行うことができる。ただし，当該著作物の種類及び用途並びに当該公衆送信の態様に照らし著作権者の利益を不当に害することとなる場合は，この限りでない。

第37条（視覚障害者等のための複製等）

公表された著作物は，点字により複製することができる。

2　公表された著作物については，電子計算機を用いて点字を処理する方式により，記録媒体に記録し，又は公衆送信（放送又は有線放送を除き，自動公衆送信の場合にあつては送信可能化を含む。次項において同じ。）を行うことができる。

3　視覚障害者その他の障害により視覚による表現の認識が困難な者（以下この項及び第102条第4項において「視覚障害者等」という。）の福祉に関す

る事業を行う者で政令で定めるものは，公表された著作物であつて，視覚によりその表現が認識される方式（視覚及び他の知覚により認識される方式を含む。）により公衆に提供され，又は提示されているもの（当該著作物以外の著作物で，当該著作物において複製されているものその他当該著作物と一体として公衆に提供され，又は提示されているものを含む。以下この項及び同条第4項において「視覚著作物」という。）について，専ら視覚障害者等で当該方式によつては当該視覚著作物を利用することが困難な者の用に供するために必要と認められる限度において，当該視覚著作物に係る文字を音声にすることその他当該視覚障害者等が利用するために必要な方式により，複製し，又は公衆送信を行うことができる。ただし，当該視覚著作物について，著作権者又はその許諾を得た者若しくは第79条の出版権の設定を受けた者若しくはその複製許諾若しくは公衆送信許諾を得た者により，当該方式による公衆への提供又は提示が行われている場合は，この限りでない。

第37条の2（聴覚障害者等のための複製等）　聴覚障害者その他聴覚による表現の認識に障害のある者（以下この条及び次条第5項において「聴覚障害者等」という。）の福祉に関する事業を行う者で次の各号に掲げる利用の区分に応じて政令で定めるものは，公表された著作物であつて，聴覚によりその表現が認識される方式（聴覚及び他の知覚により認識される方式を含む。）

により公衆に提供され，又は提示されているもの（当該著作物以外の著作物で，当該著作物において複製されているものその他当該著作物と一体として公衆に提供され，又は提示されているものを含む。以下この条において「聴覚著作物」という。）について，専ら聴覚障害者等で当該方式によっては当該聴覚著作物を利用することが困難な者の用に供するために必要と認められる限度において，それぞれ当該各号に掲げる利用を行うことができる。ただし，当該聴覚著作物について，著作権者又はその許諾を得た者若しくは第79条の出版権の設定を受けた者若しくはその複製許諾若しくは公衆送信許諾を得た者により，当該聴覚障害者等が利用するために必要な方式による公衆への提供又は提示が行われている場合は，この限りでない。

1　当該聴覚著作物に係る音声について，これを文字にすることその他当該聴覚障害者等が利用するために必要な方式により，複製し，又は自動公衆送信（送信可能化を含む。）を行うこと。

2　専ら当該聴覚障害者等向けの貸出しの用に供するため，複製すること（当該聴覚著作物に係る音声を文字にすることその他当該聴覚障害者等が利用するために必要な方式による当該音声の複製と併せて行うものに限る。）。

第38条（営利を目的としない上演等）　公表された著作物は，営利を目的とせず，かつ，聴衆又は観衆から料金（いずれ

の名義をもってするかを問わず，著作物の提供又は提示につき受ける対価をいう。以下この条において同じ。）を受けない場合には，公に上演し，演奏し，上映し，又は口述することができる。ただし，当該上演，演奏，上映又は口述について実演家又は口述を行う者に対し報酬が支払われる場合は，この限りでない。

4　公表された著作物（映画の著作物を除く。）は，営利を目的とせず，かつ，その複製物の貸与を受ける者から料金を受けない場合には，その複製物（映画の著作物において複製されている著作物にあっては，当該映画の著作物の複製物を除く。）の貸与により公衆に提供することができる。

5　映画フィルムその他の視聴覚資料を公衆の利用に供することを目的とする視聴覚教育施設その他の施設（営利を目的として設置されているものを除く。）で政令で定めるもの及び聴覚障害者等の福祉に関する事業を行う者で前条の政令で定めるもの（同条第2号に係るものに限り，営利を目的として当該事業を行うものを除く。）は，公表された映画の著作物を，その複製物の貸与を受ける者から料金を受けない場合には，その複製物の貸与により頒布することができる。この場合において，当該頒布を行う者は，当該映画の著作物又は当該映画の著作物において複製されている著作物につき第26条に規定する権利を有する者（第28条の規定により第26条に規定する権利と同一の権利を有する者を含む。）に相当な

額の補償金を支払わなければならない。

第47条の２（美術の著作物等の譲渡等の申出に伴う複製等） 美術の著作物又は写真の著作物の原作品又は複製物の所有者その他のこれらの譲渡又は貸与の権原を有する者が，第26条の２第１項又は第26条の３に規定する権利を害することなく，その原作品又は複製物を譲渡し，又は貸与しようとする場合には，当該権原を有する者又はその委託を受けた者は，その申出の用に供するため，これらの著作物について，複製又は公衆送信（自動公衆送信の場合にあつては，送信可能化を含む。）（当該複製により作成される複製物を用いて行うこれらの著作物の複製又は当該公衆送信を受信して行うこれらの著作物の複製を防止し，又は抑止するための措置その他の著作権者の利益を不当に害しないための措置として政令で定める措置を講じて行うものに限る。）を行うことができる。

第47条の６（翻訳，翻案等による利用） 次の各号に掲げる規定により著作物を利用することができる場合には，当該著作物について，当該規定の例により当該各号に定める方法による利用を行うことができる。

1　第30条第１項，第33条第１項（同条第４項において準用する場合を含む。），第34条第１項，第35条第１項又は前条第２項　翻訳，編曲，変形又は翻案

2　第30条の２第１項又は第47条の３第１項　翻案

3　第31条第１項第１号若しくは第３

項後段，第32条，第36条第１項，第37条第１項若しくは第２項，第39条第１項，第40条第２項，第41条又は第42条　翻訳

4　第33条の２第１項又は第47条　変形又は翻案

5　第37条第３項　翻訳，変形又は翻案

6　第37条の２　翻訳又は翻案

第48条（出所の明示） 次の各号に掲げる場合には，当該各号に規定する著作物の出所を，その複製又は利用の態様に応じ合理的と認められる方法及び程度により，明示しなければならない。

1　第32条，第33条第１項（同条第４項において準用する場合を含む。），第33条の２第１項，第37条第１項，第42条又は第47条第１項の規定により著作物を複製する場合

2　第34条第１項，第37条第３項，第37条の２，第39条第１項，第40条第１項若しくは第２項，第47条第２項若しくは第３項又は第47条の２の規定により著作物を利用する場合

3　第32条の規定により著作物を複製以外の方法により利用する場合又は第35条，第36条第１項，第38条第１項，第41条，第46条若しくは第47条の５第１項の規定により著作物を利用する場合において，その出所を明示する慣行があるとき。

第51条（保護期間の原則） 著作権の存続期間は，著作物の創作の時に始まる。

2　著作権は，この節に別段の定めがある場合を除き，著作者の死後（共同著作物にあつては，最終に死亡した著作

者の死後。次条第1項において同じ。）70年を経過するまでの間，存続する。

第53条（団体名義の著作物の保護期間） 法人その他の団体が著作の名義を有する著作物の著作権は，その著作物の公表後70年（その著作物がその創作後70年以内に公表されなかつたときは，その創作後70年）を経過するまでの間，存続する。

第57条（保護期間の計算方法） 第51条第2項，第52条第1項，第53条第1項又は第54条第1項の場合において，著作者の死後70年又は著作物の公表後70年若しくは創作後70年の期間の終期を計算するときは，著作者が死亡した日又は著作物が公表され若しくは創作された日のそれぞれ属する年の翌年から起算する。

第60条（著作者が存しなくなつた後における人格的利益の保護） 著作物を公衆に提供し，又は提示する者は，その著作物の著作者が存しなくなつた後においても，著作者が存しているとしたならばその著作者人格権の侵害となるべき行為をしてはならない。ただし，その行為の性質及び程度，社会的事情の変動その他によりその行為が当該著作者の意を害しないと認められる場合は，この限りでない。

第63条（著作物の利用の許諾） 著作権者は，他人に対し，その著作物の利用を許諾することができる。

2 前項の許諾を得た者は，その許諾に係る利用方法及び条件の範囲内において，その許諾に係る著作物を利用することができる。

3 第1項の許諾に係る著作物を利用する権利は，著作権者の承諾を得ない限り，譲渡することができない。

第119条 著作権，出版権又は著作隣接権を侵害した者（第30条第1項（第102条第1項において準用する場合を含む。第3項において同じ。）に定める私的使用の目的をもつて自ら著作物若しくは実演等の複製を行つた者，第113条第3項の規定により著作権，出版権若しくは著作隣接権を侵害する行為とみなされる行為を行つた者，同条第4項の規定により著作権若しくは著作隣接権（同条第5項の規定により著作隣接権とみなされる権利を含む。第120条の2第3号において同じ。）を侵害する行為とみなされる行為を行つた者，第113条第6項の規定により著作権若しくは著作隣接権を侵害する行為とみなされる行為を行つた者又は次項第3号若しくは第4号に掲げる者を除く。）は，10年以下の懲役若しくは1,000万円以下の罰金に処し，又はこれを併科する。

第122条 第48条又は第102条第2項の規定に違反した者は，50万円以下の罰金に処する。

索 引

[あ]

意匠法 ･････････････････････････11
印刷 ･･････････････････････････21
印刷資料 ･･･････････････････････28
インターネット ････････････････35
引用 ･････････････････････18,39
ウェブサイト ･･･････････････････39
映画 ･････････････14,20,26,30
営利を目的としない上演 ･････････20
絵本 ･･･････････････14,21,42,43
演奏 ･･････････････････････････20
演奏権 ･･･････････････････････13

[か]

絵画コンクールの入賞作品 ･･･････29
学習成果 ･･･････････････････････39
学習用資料 ･････････････････････35
学校司書 ･･･････････････････････40
学校その他の教育機関における複製等
･････････････････････････19,29
学校図書館 ･･････････15,18,22,24,28,
　29,30,31,34,35,40,43
学校図書館メディア ･･････････29,36
紙芝居 ･･･････････････････42,43
脚本 ･････････････････････････34
キャラクター ･･･････････26,36,43
許諾
　･･･17,18,21,22,28,29,31,32,34,35,39,41
研修 ･････････････････････20,33
原著作者 ･････････････････16,42
原著作物 ･････････････････16,42
公共図書館 ･･･････････････15,24
公衆送信 ･･････14,20,28,32,33,35
公衆送信権 ･･･････････････13,14
口述 ･････････････････････20,44

口述権 ･･･････････････････13,14
公表権 ･･･････････････････12,13
コピーサービス ･･････････････24

[さ]

財産権 ･･････････････････････12
作文コンクールの入賞作品 ･･････27
撮影 ･････････････････････････21
雑誌 ･････････････21,24,29,30,39
CD ･･･････････････15,18,21,28
CD－ROM ････････････････････30
私的使用のための複製 ･･････18,29
私的複製 ･･･････････････････44
自動公衆送信 ････････････14,35
児童書四者懇談会 ･･････････26
児童生徒の作文 ･･････････････38
氏名表示権 ･･･････････････12,13
写真 ･･････････････････････15,21
修学旅行のしおり ･･････････････37
授業の過程 ･･･20,24,25,33,35,37,41,44
上映 ･････････････････････20,30
上映権 ･･･････････････････13,14
上演 ･････････････････20,34,42
上演権 ･･････････････････････13
使用許諾書 ･･･････････････17
譲渡権 ･･･････････････････13,15
情報ファイル ･･･････････････24,25
新聞 ･･･････････24,28,31,39,41

[た]

貸与権 ･･･････････････････13,15
著作権 ･･･････8,10,12,13,16,17,27,29
著作権管理団体 ･･･････････17
著作権教育 ･･･････････････9
著作権者 ･･････15,16,17,20,31,33,42
著作権の存続期間 ･･･････････16

著作権法	……8,9,12,18,22,26,37,40,43	ホームページ	………………28,35,36
著作権法違反	………………………19	保存	……………………20,24,29,31
著作権法施行令	……………… 18,23	ボランティア	…………20,42,43,44
著作者	………………8,12,16,17,27	翻案	……20,28,33,34,37,42,43
著作者人格権	……12,13,17,27,37,38,44	翻案権	………………………… 13,15
著作者の権利	………………8,9,13	翻訳	………………………20,33,37
著作者の人格的利益	………………17	翻訳権	………………………… 13,15

著作物
… 8,9,10,11,16,17,18,28,30,33,37,38,41

著作物使用許諾願い	…………………17
著作物の種類	…………………………11
著作隣接権	………………………… 12
DVD	………………………28,30,31
展示	…………………………… 14,20
展示権	…………………… 13,14,29
同一性保持権	………12,13,37,38,42,44
図書館だより	………… 25,26,27,28,31
図書館等における複製等	……………18
特許権	………………………………9,10
特許法	……………………………… 11

［な］

二次的著作物	………………… 16,42
二次的著作物の利用権	……… 13,16,42

［は］

発行	………………………………20
罰則	………………………………22
パネルシアター	……………………42
頒布権	………………………… 13,15
ビデオ	…………………………… 14,30
表紙画像	………………………………26
ファイル資料	……………………25
複写	………………………………21
複製	13,18,20,21,24,25,26,33,36,37,43
複製権	………………………………13
編曲	…………………………20,33,37
変形	…………………………20,33,37

［ま・や・ら］

無断転載	………………………………21
読み聞かせ	…………………… 32,43,44
録音	………………………………21
録音資料	………………………………28
録画	…………………………21,29,44

著者紹介

森田　盛行（もりた　もりゆき）
小学校の教諭を経て、1997年に全国学校図書館協議会に入局。選定部長等、事務局長、理事長を経て2017年に退任。主な著書に、『学校図書館と著作権　Q＆A　改訂版』（学校図書館入門シリーズ４）（全国学校図書館協議会　2001）、共著『学校経営と学校図書館、その展望』（学校図書館図解・演習シリーズ４）（青弓社　2004）、共著『学校図書館の活用名人になる』（国土社　2010）、共著『国語科重要用語事典』（明治図書出版　2015）、共著『改訂新版　学校経営と学校図書館』（放送大学教育振興会　2017）、共著『司書教諭・学校司書のための学校図書館必携　改訂版』（悠光堂　2017）。

イラスト　　　　中西康子
ブックデザイン　ヒロ工房　稲垣結子
DTP　　　　　　株式会社アジュール

はじめよう学校図書館 8　　　　　　　　　　　　　　分類　017

気になる著作権Q＆A 学校図書館の活性化を図る
増補改訂版

2013年 7 月31日　　初版発行
2019年 2 月28日　　増補改訂版発行

SLA
School Library Association

著　　者　　森田盛行
発 行 者　　設楽敬一
発 行 所　　公益社団法人全国学校図書館協議会
　　　　　　〒112-0003　東京都文京区春日2-2-7
　　　　　　TEL 03-3814-4317
　　　　　　FAX 03-3814-1790
印刷・製本所　　株式会社厚徳社

ISBN978-4-7933-2293-8　　　　　　　　　　©Moriyuki Morita 2019